COLLECTION

CH. BONNEMAISON-BASCLE

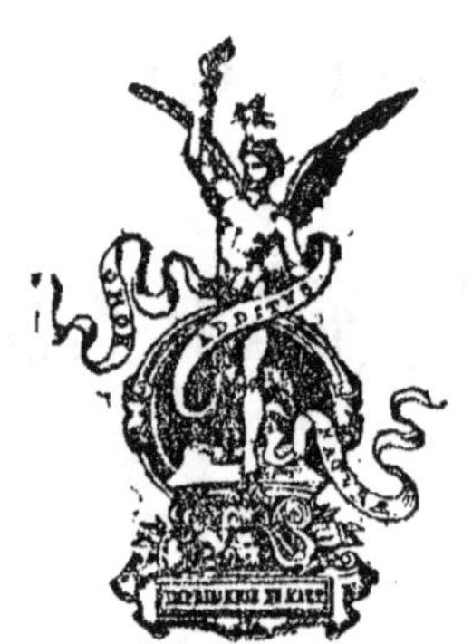

CATALOGUE

DE

TABLEAUX MODERNES

PAR

Boudin, Corot, J. Héreau, Jongkind
Lebourg, Cl. Monet
Renoir, Sisley, Troyon, Vignon
de Vuillefroy

COMPOSANT LA COLLECTION

DE

M. Charles BONNEMAISON-BASCLE

et dont la vente aura lieu, par suite de Départ

HOTEL DROUOT, SALLE N° 1

Le Samedi 3 Mai 1890, à 4 heures

COMMISSAIRE-PRISEUR	EXPERT
Mᵉ **PAUL CHEVALLIER**	M. **PAUL DÉTRIMONT**
10, rue Grange-Batelière, 10.	35, avenue de l'Opéra, 35.

EXPOSITIONS :

PARTICULIÈRE, le Vendredi 2 Mai 1890, de 1 heure à 5 heures 1/2.
PUBLIQUE, le Samedi 3 Mai 1890, de 1 heure à 4 heures.

**N. B. — Le présent Catalogue servira de Carte d'Entrée
à l'Exposition Particulière.**

CONDITIONS DE LA VENTE

Elle sera faite au comptant.

Les acquéreurs payeront en sus des enchères *cinq pour cent*, applicables aux frais.

Paris. — Imprimerie de l'Art. E. Ménard et Cie, 41, rue de la Victoire.

DÉSIGNATION

BOUDIN

1 — *Vaches au pré; vallée de la Touc-
ques.*

Haut., 41 cent.; larg., 56 cent.

BOUDIN

2 — *Vaches dans la vallée de la Touc-
ques.*

Haut., 35 cent.; larg., 58 cent.

BOUDIN

3 — *La Maison du jardinier; environs de Trouville.*

Haut., 50 cent.; larg., 62 cent.

BOUDIN

4 — *Un Bassin; effet du matin.*

Haut., 20 cent; larg., 27 cent.

BOUDIN

5 — *Un Canal à Dordrecht.*

Haut., 50 cent ; larg., 62 cent.

BOUDIN

6 — *Marine; environs de Brest.*

Haut., 45 cent.; larg., 65 cent.

COROT

7 — *Paysage ; effet du matin.*

Une paysanne au premier plan, à gauche, est occupée à ramasser des herbes.

A droite, au second plan, un pêcheur dans une barque se prépare à quitter la rive de l'étang.

Au fond, des maisons éclairées par le soleil levant.

Tableau lumineux et de la belle qualité du maître.

Haut., 41 cent.; larg., 54 cent.

COROT

8 — *Paysage ; effet du soir.*

Haut., 20 cent.; larg., 33 cent.

COROT

9 — *Étude de femme.*

Provient de la vente après décès de l'artiste.

Haut., 38 cent.; larg., 30 cent.

COROT

10 — *Jeune fille en prière.*

Tableau provenant de la vente après décès de l'artiste.

Haut., 47 cent.; larg., 33 cent.

COROT

11 — *Jeune Femme assise au bord de la mer.*

Provient de la vente après décès de l'artiste.

Haut., 41 cent; larg., 30 cent.

JULES HÉREAU

12 — *Attelage au bord de la Seine, à Saint-Ouen.*

Haut., 23 cent.; larg., 51 cent.

JONGKIND

13 — *Canal en Hollande ; clair de lune.*

Daté 1864.

Haut., 34 cent.; larg., 46 cent.

JONGKIND

14 — *Canal en Hollande ; soleil couchant.*

Daté 1868.

Haut., 33 cent.; larg., 47 cent

JONGKIND

15 — *Embouchure de la Meuse, à Maass-luis.*

Daté 1868.

Haut., 58 cent.; larg., 80 cent.

JONGKIND

16 — *Vue de Hollande ; clair de lune.*

Daté 1870.

Haut., 34 cent.; larg., 43 cent.

JONGKIND

17 — *Canal à Amsterdam.*

Daté 1869.

Haut., 33 cent.; larg., 43 cent.

JONGKIND

18 — *Canal près Rotterdam ; patineurs.*

Daté 1868.

Haut., 24 cent.; larg., 32 cent.

JONGKIND

19 — *Mer houleuse.*

Daté 1865.

Haut., 33 cent.; larg., 48 cent.

JONGKIND

20 — *Canal en Hollande ; clair de lune.*

Daté 1867.

Haut., 32 cent.; larg., 46 cent.

JONGKIND

21 — *Clair de lune en Hollande.*

Daté 1868.

Haut., 34 cent.; larg., 42 cent.

JONGKIND

22 — *Quai au Havre.*

Daté 1865.

Haut., 34 cent.; larg., 46 cent.

JONGKIND

23 — *Effet d'hiver en Hollande ; patineurs.*

Daté 1865.

Haut., 33 cent.; larg., 44 cent.

JONGKIND

24 — *Canal à Rotterdam.*

Daté 1881.

Haut., 24 cent.; larg., 32 cent.

JONGKIND

25 — *Embouchure de la Meuse.*

Daté 1867.

Haut., 34 cent.; larg., 46 cent.

JONGKIND

26 — *Une Rue à la côte Saint-André;*
Isère.

Daté 1882.

Haut., 33 cent.; larg., 47 cent.

JONGKIND

27 — *Embouchure de l'Escaut.*

Daté 1873.

Haut., 34 cent.; larg., 46 cent.

JONGKIND

28 — *Le Pont d'Arcole; soleil couchant.*

Daté 1875.

Haut., 33 cent.; larg., 52 cent.

LEBOURG

29 — *La Seine, à Argenteuil; effet du matin.*

Haut., 35 cent.; larg., 65 cent.

LEBOURG

30 — *Le Quai de Gèvres, à Paris.*

Haut., 35 cent.; larg., 65 cent.

LEBOURG

31 — *L'Hôtel Frascati, au Havre.*

Haut., 35 cent.; larg., 65 cent.

CLAUDE MONET

32 — *La Seine, à Vetheuil; effet du matin.*

Haut., 68 cent.; larg., 90 cent.

CLAUDE MONET

33 — *Effet de neige.*

Haut., 60 cent.; larg., 81 cent.

QUOST

34 — *Fleurs.*

Haut., 73 cent.; larg., 60 cent.

RENOIR

35 — *Jeune fille assise dans un jardin.*

Haut., 46 cent.; larg., 38 cent.

SISLEY

36 — *Près Versailles ; effet de soleil couchant.*

Haut., 50 cent.; larg., 65 cent.

TROYON

37 — *Près Sèvres.*

Ovale.

VIGNON

38 — *L'Entrée du village d'Auvers ; Seine-et-Oise.*

Haut., 33 cent.; larg., 46 cent.

DE VUILLEFROY

39 — *Vaches au pré.*

Haut., 37 cent.; larg., 54 cent.